OPINION

DE

BISMARCK

SUR LA

RÉPUBLIQUE

L'EMPIRE ET LES BOURBONS

EN FRANCE

LETTRE ATTRIBUÉE AU PRINCE

ET TRADUITE PAR

GEORGE ROMAIN

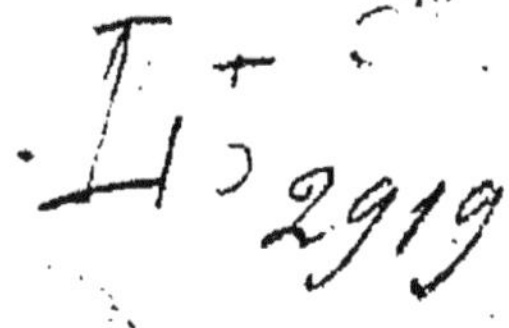

PARIS.

F. WATTELIER, LIBRAIRE-ÉDITEUR

19, RUE DE SÈVRES, 19.

Berlin, 16/11 71.

Mon cher Baron,

Voici ma réponse à votre longue lettre du 5 courant, et les instructions confidentielles auxquelles vous voudrez bien vous conformer. Elles vous seront remises par un homme sûr : le courrier Pf...

Je laisse de côté le langage diplomatique pour causer familièrement avec vous, comme au mois de juin, l'an passé, sous les ombrages de Varzin, alors que nous rêvions ensemble l'unité de la patrie allemande, et que, pour la réaliser, j'espérais déjà attirer l'Empereur Napoléon dans le piége où il est tombé.

Vos appréhensions sur la possibilité d'une revanche de la France ne sont pas fondées. Elles ne le seraient que si cette Nation était unie au dedans. Alors, vous avez raison, il ne faut pas se le dissimuler, cette Puissance qui, sans avoir fait, en vue de la guerre, la moitié des préparatifs que nous avions faits nous-mêmes; qui avait mis sur pied deux fois moins d'hommes, maladroitement éparpillés, combattant par groupes contre nos masses; cette Puissance qui, par ces motifs, a eu, successivement, prisonniers, chez nous, 360,000 hommes d'excellentes troupes, et qui malgré cela, en pleine révolution, avec des recrues mal vêtues, mal nourries, mal armées, a pu retenir encore six mois nos formidables armées; cette Puissance, dis-je, avec sa bravoure proverbiale et ses immenses ressources serait redoutable pour nous *si elle était unie.*

Il faut prévoir, dites vous, le cas où viendraient se retourner contre nous les chances heureuses auxquelles nous avons dû la victoire : l'incurie de Napoléon et de ses ministres, l'alliance des Etats du Sud, la supériorité du nombre, la portée plus grande de l'artillerie. Cela pourrait arriver, ajoutez-vous, si un Bismarck et un De Moltke français venaient à occuper la place d'un Ollivier ou d'un Lebœuf.

Je vous répondrai toujours : Oui, si la France était unie; mais elle ne l'est pas et ne peut, heureusement pas l'être, l'esprit des Français étant ce qu'il est. Le sort de l'Espagne est celui réservé désormais à la France. Cela n'empêche pas que je m'occupe de nous assurer des alliances pour l'avenir, même en prévision d'éventualités inadmissibles. Il faut être prêt à tout évènement. Mais voici pourquoi je juge ces éventualités inadmissibles.

La France est partagée en Bonapartistes, en Orléanistes, en Légitimistes, et en Républicains. C'est, pour nous, comme si elle était divisée en quatre Etats indépendants et même rivaux. Leur rivalité fait notre force et garantit notre sécurité.

Il faudra bien, il est vrai, qu'un parti finisse par l'emporter sur les autres. Heureusement pour nous cela paraît devoir être le parti Républicain.

En 1789, les cahiers des députés aux Etats Généraux voulaient *tous* le maintien de la Royauté avec des réformes. Le rapport lu à l'Assemblée Nationale, le 27 juillet 1789, par le comte de Clermont-Tonnerre le prouve. La France et son Roi étaient tombés d'accord. La République a été alors imposée à la Nation par des scélérats.

En 1848, c'est à un escamotage qu'elle a dû son avènement. Le 4 septembre 1870, c'est encore un escamotage qui l'a imposée à Paris et à la France. Jamais le vrai peuple n'en avait voulu librement.

Cette fois, en voudra-t-il? Je l'espère de plus en plus. Le mot de Thiers a porté son fruit : *La République est le gouvernement qui nous divise le moins.* La preuve c'est qu'il y avait en France trois partis : les Légitimistes, les Orléanistes etles Bonapartistes, et que, grâce à Thiers, en voilà quatre; car les bourgeois et les boutiquiers, dupes honnêtes ou jobards (*), vaniteux, qu'on mène avec des mots, se croient sérieusement républicains. Or, Dieu sait ce qu'il y a de dupes et de jobards des Flandres aux Pyrénées.

Donc, la République va s'implanter en France.

Vous devez, par votre parole, par vos subventions à certains journaux démocratiques et par tous les moyens en votre pouvoir travailler secrètement à en amouracher (**) les Français (***) : .   .   .   .

.   .   .   .

.   .   .   .

.   .   .   .

(*) le texte allemand porte : *Gimpel*.

(**) *den Kopf verdrehen.*

(***) Nous ne pouvons insérer les détails dans lesquels entre le Prince sur certains journaux démocratiques qui, en 1859 et en 1866, achetés par Cavour et par lui, auraient soutenu chaudement l'intérêt italien et l'intérêt prussien contre l'intérêt français.

1º Parce que le gouvernement républicain est, par sa nature même, un dissolvant, un principe de troubles, celui qui crée le plus de compétitions, le plus de prétendants au pouvoir; en un mot, celui qui, n'en déplaise à Thiers, achève de diviser tout à fait les Français.

2º Parce que la République, excellente en Amérique ou en Suisse, où elle a, pour elle, les mœurs et les traditions, est, en France, le parti des sots et des bavards, des brouillons et des *voyous* (*). Je ne parle pas des ivrognes, et des repris de justice, des voleurs et des assassins. Si tous les républicains, en France, ne sont pas de la canaille, toute la canaille (**) est républicaine.

3º Parce que tant que la République durera, la confiance ne pourra renaître. Ce régime inquiète si bien les capitaux que la moitié du dernier emprunt de deux

(*) Ce mot est en français dans le texte allemand.

(**) Lumpenpack.

milliards est encore à classer. S'il dure, la France ne trouvera certainement pas de banquiers pour répondre des trois derniers milliards qui lui restent à nous payer, et nous lui avons pris déjà tout ce dont elle peut disposer en numéraire.

4° Parce que le parti républicain est, en France, le moins patriote. Pendant le siége de Paris les farouches républicains de Belleville, de Montmartre et de Ménilmontant ont été le type de la lâcheté et de la crapule. *

Ils n'ont su que jeter leurs fusils dans les tranchées, hurler dans les clubs et souiller les Eglises de leurs ordures. C'est pour les avoir déshonorés en divulguant leur conduite dans ses ordres du jour, que le général Clément Thomas a été assassiné par eux.

Ce sont des républicains du 4 septembre qui ont eu l'attention, lorsque Paris était investi par des Prussiens, d'inaugu-

(*) Luderleben.

rer solennellement, sur une de ses places, la statue de Voltaire, chambellan de notre Grand Frédéric, et qui avait félicité ce prince d'avoir battu les Français à Rosbach. On n'est pas plus plat, (*) plus lâche ou plus bête.

Quant à la Commune, son premier soin a été de faire insérer à son *Journal officiel*, la recommandation de ne rien faire, autour de Paris, qui pût nous déplaire. Elle a renversé la colonne Vendôme faite avec le bronze de nos canons.

Vous voyez que les républicains de toutes nuances sont, plus ou moins, des nôtres. Avec l'Internationale, je les mènerai où je voudrai. Ils n'ont plus rien de leurs pères de 1792, à qui il restait quelque chose des sentiments de patriotisme puisés sous la monarchie.

5° Enfin, vous devez soutenir énergiquement la République, parce que la France, sous ce gouvernement, ne trou-

(*) *Niedrig.*

vera pas d'alliances en Europe, et qu'ainsi isolée au dehors et déchirée au dedans, elle ne pourra pas se relever et nous nuire.

Vous me dites que les esprits élevés, désirent tout haut le retour de la monarchie, et que beaucoup de gens sensés, instruits par les derniers événements ont la même pensée, sans oser la formuler, de crainte d'être qualifiés de légitimistes et de cléricaux. Cela ne m'étonne pas. Platon et Aristote, Bossuet et Montesquieu, Leibniz et Gœthe, tous les grands esprits se sont prononcés pour la monarchie. Donoso-Cortès, disait avec raison que la République est le gouvernement des peuples ingouvernables. La démocratie, selon Voltaire, aboutit toujours à la tyrannie de la populace.

Maiscombien avez-vous d'esprits éclairés en France ? Croyez-moi, ne vous en inquiétez pas. Sous le régime du suffrage universel c'est avec les masses qu'il faut compter. Vous dites que le suffrage universel c'est le nombre, et que le nombre c'est la force brutale ; que le suffrage universel est, ainsi, un retour déguisé à la barbarie. Je le sais bien, et c'est pourquoi je me réjouis qu'il règne en France. Il y perpétuera le gâchis (*); car il donne à la voix des imbéciles et des pervers le même poids qu'à celle de l'homme de génie et de l'homme de bien. Donc les masses sont républicaines. Elles le sont dans les villes et le deviendront de plus en plus dans les campagnes. Il ne faut, pour cela, que la continuation de la liberté de cette presse démocratique rédigée par des hommes sans éducation, gens déclassés, à idées courtes, aventuriers sans Dieu et sans foi, vraies brutes (*), mais habiles à soulever l'envie, la haine, la cupidité et toutes les mauvaises passions du peuple. Ce sont nos alliés les plus sûrs pour désorganiser la France. Secondez-les, achetez-les.

(*) L'original dit : *Klemme.*
(**) *Viehe.*

Par contre, travaillez de toutes vos forces à empêcher le rétablissement de la monarchie.

Celle de Napoléon, passe encore. Elle a, elle même, une origine et des antécédents révolutionnaires, des engagements avec les révolutionnaires de France et d'Italie ; elle est forcée de continuer à leur donner des gages, de pactiser avec eux comme par le passé. Par conséquent elle désorganisera aussi fatalement la France, qu'elle a déjà corrompue et abaissée. Nous n'avons donc pas à la redouter, le cas échéant. Mais je ne crois pas que les Français en veuillent. Deux fois les Napoléons ont laissé la France plus petite qu'ils ne l'avaient prise. Une nation vaniteuse ne pardonne pas cela.

Dans tous les cas, j'ai étudié personnellement Napoléon III. C'est un Raton dont Cavour et moi avons été tour à tour le Bertrand. Il a proclamé naïvement le principe des nationalités, mais ça été à notre profit. Il n'a pas fait l'unité française ;

Cavour a fait l'unité italienne, et j'ai fait l'unité allemande. Il reviendrait sur le trône que je lui ferais encore *tirer les marrons du feu* (*). En le flattant, on fera de lui tout ce qu'on voudra. Entre nous il est facile *à rouler* (**).

Esprit versatile et sans suite, rien ne lui a réussi. Par sa guerre en Crimée et le soulèvement de la Pologne, il s'est brouillé avec la Russie. Par sa guerre d'Italie, il s'est brouillé avec l'Autriche sans se faire un allié de Victor Emmanuel. Tantôt il a joué celui-ci au profit du Pape, tantôt il a joué le Pape au profit du Roi d'Italie. Par sa guerre du Mexique, il s'est fait un ennemi de l'Amérique du Nord qui l'a impérativement prié de s'en aller, abandonnant le malheureux Maximilien.

Mal avec l'Espagne, mal avec l'Angleterre, mal avec la Belgique, méprisé au dehors pour son caractère fourbe et sa po-

(*) Ces mots sont en francais dans l'original.
(**) Idem.

litique indécise, il s'est trouvé sans alliances et est tombé sous le poids du mépris de son propre peuple.

Si le vent tournait de ce côté vous pouvez donc tendre les voiles.

Il n'en est pas de même des Bourbons.

Combattez surtout la fusion entre les deux branches de cette maison. Les Orléanistes, seuls, ne seraient qu'un moyen terme. Ils auraient encore pour adversaires les trois autres partis, et laisseraient la France divisée. Ce qu'il faut surtout empêcher, c'est leur fusion avec Henri V, c'est l'avènement de la légitimité :

1° Parce que celle-ci représente l'unité et la grandeur de la France, par la conquête successive de ses provinces, y compris l'Alsace et la Lorraine ;

2° Parce qu'elle représente les idées d'ordre, de droit, de religion, qui sont les éléments sociaux de conservation et de grandeur ;

3° Parce que le principe de la transmission héréditaire du pouvoir, exclut les ambitieux, les mécontents, les avocats qui s'entendent si bien à jeter leur pays dans les hasards des révolutions, pour pêcher en eau trouble;

4ᵉ Parce que, le retour à ce principe, ramènerait la confiance, les affaires et la prospérité publique;

5º Parce que le comte de Chambord, dans ses proclamations, a fait voir qu'il était à la fois homme de cœur et Roi libéral dans le bon sens du mot, conservant du passé et prenant du présent ce qu'ils ont de bon;

6º Parce que la monarchie des Bourbons a toujours été le symbole de l'honneur et de la fierté patriotique. Je me rappelle que lorsque l'ambassadeur d'Angleterre vint, en 1830, dire au prince de Polignac que son pays s'opposait au débarquement des troupes françaises à Alger, le prince lui répondit simplement : Milord, la flotte française appareille de Toulon tel jour; s'il vous plaît d'essayer de lui barrer le chemin, libre à vous.

Les républicains de 1871 n'eussent pas fait cette fière réponse. Ils sont et resteront toujours plus préoccupés des intérêts de leur parti que des intérêts de la France. Leur patrie, c'est le monde, disent ces idiots, menés par l'Internationale. Voilà pourquoi les bataillons des *purs*, de Belleville, de Montmartre et de Ménilmontant, refusaient de marcher contre nous, tandis que les Légitimistes, les zouaves pontificaux, les mobiles bretons nous ont résisté héroïquement, de l'aveu même de Gambetta. Voilà pourquoi, dans toute la guerre, pas un républicain notable n'est tombé sous nos balles, tandis que les De Luynes, les Chevreuse, les Grancey, les Dampierre, les Segoyer, les Coriolis, les Brissac, les Quatrebarbes, etc., sont morts pour la France, ou ont versé leur sang pour elle.

Si les Flourens et les Delescluze sont morts aussi, ça été en se battant contre les Français;

7° Enfin, vous vous opposerez de toutes vos forces à l'établissement de la Monarchie des Bourbons parce qu'elle seule peut ramener des alliances à la France ; notamment celle de la Russie ; et que l'Allemagne, prise entre la France et la Russie comme dans un étau, avec le Danemarck au Nord et l'Autriche au Midi, serait gravement compromise. Alors vos craintes deviendraient fondées.

Vous me répétez que la partie saine de la population désire la fusion, que cette idée fait des progrès dans les classes éclairées, la finance, l'industrie et le haut commerce. « La France intelligente, dites-« vous, commence à être fatiguée des « intrigants et des avocats. Elle commence « à se dire qu'elle leur doit tous ses boule-« versements ; qu'elle est, depuis quatre-« vingts ans la dupe et la victime de l'esprit « révolutionnaire, que les deux grands prin-« cipes de l'autorité et de la liberté avaient « été conciliés par Louis XVI et l'Assem-« blée nationale, que ce sont les ambitieux « et la populace qui ont tout remis en « question, qui ont engendré le 4 et le 10

« août, et les massacres de septembre ; le
« 9 thermidor et 1804 ; les cent jours et
« 1830 ; 1848, 1850 et 1852 ; enfin 1870
« et 1871. Elle se dit que ces dates sont
« les périodes diverses d'un même mal,
« des étapes successives dans la voie révo-
« lutionnaire et qu'elle veut en sortir.
« Comment ? En rompant résolument avec
« tout ce qui tient à la Révolution, c'est-
« à-dire en retournant à la Monarchie
« héréditaire et légitime, avec les garan-
« ties constitutionnelles acceptées par
« Louis XVI, et offertes par Henri V ; en
« un mot en retournant à l'état de choses
« qui a fait la grandeur et la gloire de la
« France pendant quatorze siècles, com-
« biné avec la sage liberté de l'Angleterre
« et de la Belgique. »

Il est tout simple, mon cher baron, que
les esprits élevés, remontant des effets aux
causes, voient, dans la fusion, le salut de
la France. M. Guizot l'a conseillée dans
sa lettre à M. Grévy. Le Roi Louis-Phi-
lippe en mourant, l'a recommandée à ses

fils: Mais rassurez-vous, les Français, qui
ont de l'esprit, n'ont pas assez de bon sens
pour rappeler Henri V. Si ce Prince mon-
tait sur le trône de ses pères, il n'y serait
pas six mois que la France reviendrait de
ses préjugés contre la maison de Bourbon.
C'est précisément ce qu'il ne faut pas. Il
est plus facile que vous ne pensez de l'empêcher.

Les Bourbons sont impopulaires précisément à cause de leurs qualités. Les
légitimistes et les cléricaux, leurs parti-
sans, ont beau être, en France, les plus
éclairés, les plus honnêtes, les plus patrio-
tes, ils sont opposés aux idées anti-sociales
et anti-religieuses qui ont fait tant de
progrès, de dupes et de criminels. Ils lut-
tent, à peu près seuls, contre le courant
qui entraîne la France vers l'anarchie et
le paganisme. C'est assez pour qu'ils soient
en butte à la haine et à la calomnie, non-
seulement de la populace, qui est une bête
idiote et féroce, * mais de la bourgeoisie,

(*) Dummer und wilder thier.

qui a l'esprit fermé à toutes les questions élevées de politique ou de religion. Elle ne lit que les déclamations d'un journalisme inventé pour la *seriner*. (*)

Exploitez cet état de choses. Faites souvent parler, dans vos journaux, du danger de la réaction, des crimes de l'absolutisme, des horreurs de la féodalité, de l'infâme droit du Seigneur, de la dîme, des corvées, de l'inquisition, comme si tout cela avait réellement existé ou pouvait revenir. Faites peur des empiétements et des captations du clergé. Dites qu'avec Henri V, la religion serait non-seulement protégée mais *imposée*, que chacun serait forcé d'aller à la messe et même à confesse.

Ces déclamations et ces balivernes ne manquent jamais leur effet auprès des masses ignorantes et imbéciles, auxquelles le suffrage universel a remis le sort de la France. Entretenez la peur de l'épouvantail légitimiste et clérical, en faisant pro-

(*) Ce mot est en français dans le texte.

pager les calomnies ou les préjugés qui ont fait naître cette peur.

Les gens intelligents diront que l'ancien régime, en supposant vrai ce qu'on en dit de faux, n'a rien produit de comparable aux convulsions de la France depuis 1789, aux massacres de 1793, aux journées de juin 1848, aux pillages, aux assassinats, aux incendies de la Commune en 1871. Mais le peuple a ses journaux qui lui persuadent que cela est du progrès. Il restera entiché des idées républicaines comme nous le désirons. Il en sera de même des bons bourgeois. En voyant flamber la maison du voisin, ils prennent bien peur pour la leur, ils se disent bien, sur le moment, qu'il n'y a jamais de Légitimistes ni de Cléricaux parmi les incendiaires et les révolutionnaires, ni parmi ceux qui les produisent ou les excusent; que les principes religieux sont la meilleure garantie de l'ordre et de la probité. Mais l'esprit d'opposition, inné en France, et le fanatisme anti-religieux sont si forts, qu'une fois le danger passé, ils continuent à se défier des victimes et à voter pour les coupables. Ils resteront nos auxiliaires en envoyant éternellement des Clémenceau aux Assemblées nationales; des Ranc et des Mottu aux Conseils-généraux. Gambetta, l'ami des Delescluze, des Millière, des Raoul-Rigault, l'ami des incendiaires et des assassins qu'il n'a jamais désavoués, sera avant peu Président de la République française.

Et vous voulez, mon cher ami, que je redoute dans l'avenir, une revanche de la France! Tranquillisez-vous : cette nation est condamnée à mort. Elle aura ce qu'elle mérite : c'est-à-dire la République alternant avec l'Empire ou la Commune; le despotisme alternant avec le pétrole.

Vous dites que si les gens honnêtes et sensés se ralliaient franchement à la République, elle pourrait se consolider et devenir un mauvais exemple pour nos peuples. Ne craignez pas cela. Telle qu'elle s'est montrée trois fois déjà en France, la

République est faite pour en dégoûter. Quant aux gens honnêtes et sensés ils resteront de plus en plus à l'écart. Ce n'est pas à l'intelligence et au mérite à se rallier au parti des ignorants et des *culotteurs de pipe*. Un homme de cœur et d'honneur ne le peut pas.

La France offre ce phénomène d'une République qui ne peut durer huit jours sans tomber dans le sang ou dans la boue, qu'à la condition d'être gouvernée par des Monarchistes. Les Républicains proprement dits ne fournissent que des sujets comme les préfets et sous-préfets nommés par Gambetta, c'est-à-dire des ignorants et des incapables.

Mais comment exiger des Monarchistes qu'ils se dévouent toujours à faire aller une machine dans laquelle ils n'ont pas confiance ? De quel droit demander ce sacrifice à leurs convictions ? De la part des dupes honnêtes qui se croient républicains, il y a même peu de dignité à le demander, car c'est faire l'aveu de la nul-

lité de leur parti et prononcer sa condam-
nation.

Donc la République française, malgré
sa belle devise sur les murs, dès qu'elle ne
sera plus entre les mains des royalistes,
qui la font vivre provisoirement, tombera
d'abord entre les mains des intrigants et
des incapables, jusqu'à ce qu'elle retombe
entre les mains des criminels d'où elle sort
à peine. C'est inévitable. Quand une Nation n'a plus le frein de la religion et des
mœurs, que le frein de la force est le seul
qui la contienne, tout est possible, même
l'avénement d'un demi-million d'Eros-
trates, du jour où la force tombe entre
leurs mains comme au 18 mars.

Alors on songe aux grandes villes dispa-
rues de la scène du monde : Tyr et Babylone, Thèbes et Sparte, Carthage et Troye.

On nous reprochait en Allemagne, l'hi-
ver dernier, de ne pas détruire Paris par
un bombardement; laissons faire cette
besogne aux Parisiens. Ils s'y entendent
merveilleusement. Du train dont vont les
choses, on pourra, peut-être, avant un siè-
cle, appliquer à l'emplacement où s'élève
la Babylone moderne, ce fragment d'un
vers de l'Eneïde :

Et campos ubi Troja fuit.

et cela, parce que la France, reniant son
passé glorieux, livrée aux avocats et aux
casse-cou, aura cessé d'être française pour
devenir républicaine. Réjouissons-nous-
en. Nous avons pris définitivement sa place dans les destinées du monde. Elle ne
pourra plus s'opposer aux progrès de l'Allemagne. Elle voulait nous arrêter à la
ligne du Mein ; elle ne nous empêchera
pas de nous étendre dès Vosges aux Karpa-
thes, de Kiel à Trieste et même à la Haye,
à cheval sur la Baltique, la mer du Nord
et l'Adriatique. L'empire d'Allemagne,
avec Berlin pour capitale, que Thiers re-
doutait, est fondé. Le pangermanisme est
proche, grâce à l'impuissance de la France républicaine.

Donc: Vive la République !

A bas les Bourbons !

tel doit être, en France, le cri d'un bon
Prussien.

Croyez, mon cher Baron, à mes sentiments affectueux.

***

Arras, typ. Schoutheer, rue des Trois-Visages.

ARRAS. — IMP. SCHOUTHEER.